사라진 말씀들

정성희 시집

문학의전당 시인선
354

사라진 말씀들

정성희 시집

문학의전당

시인의 말

팔십 평생 써보지 못했던 이름 석 자를
비뚤비뚤 써놓고 함박웃음 짓는 어르신들

영천, 밀양, 울산을 거쳐
함양에서 인생 3막을 연 나의 삶은
그들과 함께다.

가을 하늘 저녁노을보다 더 붉은,
계절을 잊고 피는 가을 장미보다 더 붉은,
그들의 언어에 눈높이 맞추며 살 것이다.
나는

2022년 11월
정성희

차례

제2부

제3부

제4부

제1부

꽃이 피기까지

내 몸에 꽃피는 날은
풋내 나는 비린내가 온몸을 들쑤신다
은밀한 곳에서 꽃대 타고 올라온 풋내에
입술 시퍼렇게 푸른 잎사귀 돋아나고
비릿한 생즙 짜내다 현기증 앓으며 피운 꽃
마침내
나는 자연을 알아 간다

세상을 향해 웃고 있는 저 꽃들 중에는
진통제 열 알쯤 먹고 피운 꽃이
분명히 있다는 것을

무궁화 꽃이 피었습니다

잎 하나 남지 않은 상수리나무 맨 가지에
물까치 댓 마리 앉아 그네를 탄다

위 문장 적는 사이
나무에 물까치 수가 더 늘었다

댓 마리 앉았다고 써놓고
맞는지 세어 보는 나를 미리 읽은 걸까

늦게 앉은 물까치들 능청스럽게 움직임 없다
가슴에 요동치는 문장

무궁화 꽃이 피었습니다

창밖 상수리나무에 앉은 물까치 떼가 나를
어릴 적 담벼락으로 이끈다
술래가 된 나는 눈 감고 다시 문장을 읊는다

무궁화 꽃이 피었습니다

아득히 들린다
골목에 숨은 아이들 거친 숨소리
꽉꽉 묶어두었던 이름들

코끼리 발등을 읽다

돌보기 끼고 책을 읽다가

돋보기 끼고 읽던 책의 책장을 넘기려 하다가

돋보기 끼고 책장에 물린 코끼리 발등을 읽는다

내 삶의 내력이 촘촘히 기록된 자서전 같은

행간이 뚜렷한 발등

그냥 볼 때 봐줄 만했던 손은 온데간데없고

손등 닮은 코끼리 발등이 있다

살면서 생겼을 얕거나 깊은 골

행간에 숨은 고생의 흔적들이

돋보기에 의해 명징하게 드러났다

들키고 싶지 않은 것들까지 속속들이

돋보기를 벗는다

시절 자화상

불의를 보면 정의가 불탔고
실패담마저 담담히 털어놓던
코뿔소 같은 남자였는데 한동안
발걸음 끊어졌고 잊혀 가던 찰나에 그는
풍을 맞아 바람 든 나무가 되어
기우뚱 나타났다
저승 문턱까지 갔다가 감히
염라대왕을 호통치고 돌아왔다고
절뚝거리며 허세를 부리는 남자
한 손으로 지갑 속 돈을 꺼내다가
툭 떨어뜨리는
낡을 대로 낡아 빠진 지갑을
대신 주워 드는데
떨어지며 펼쳐진 지갑 한 면에
젊은 날 끼워둔 네잎클로버와 육송 잎이
꼿꼿하게 코팅되어 있다
눈물 나게 빛났던 남자의
시절 자화상이다

달에게 상처받은 밤

골똘히 걷다가

휘영청 밝게 뜬 super moon을 봅니다

여태껏 본 달 중
가장 크고 멋진 달입니다

마냥 들뜬 나는

입을 열고 쏟아내고 싶은 수다가 있었습니다
귀를 열고 듣고 싶은 목소리가 있었습니다

그러나 나는
여념 없이 혼자였습니다

가해자가 될 수밖에 없었다

신발 속에 발을 집어넣는 순간
튀어 오르는 귀뚜라미 한 마리
서로 피하려 하다가 밟았고 밟혔다

나는 가해자가 되었고
귀뚜라미는 피해자가 되었다

한 죽음이 내 발바닥에 깔려 있다
송곳 끝에 선 것같이 심장이 조여 온다

밟지 않으려고
발가락 끝으로 비틀비틀 뛴 나
밟히지 않으려고
온몸으로 팔딱팔딱 뛴 귀뚜라미

밟은 것도
밟힌 것도
찰나였다

피비린내가 나를 옥죈다
이 기억 희미해질 때까지
구슬픈 가을 울음 하나 엉겨
나를 핥고 비틀겠다

크리넥스 티슈

각티슈 두 장이
오월 햇살로 눈부신
그늘 하나 없는 심심한 공터를 뒹굴고 있다
마치 사랑 놀음 하듯 붙었다 떨어졌다
한 몸 되어 한 방향으로 뒹굴다간 떨어져
서로 어긋난 방향으로 달아나듯
낮게 날다 멈추었다간 또 만나 함께 뒹굴고 결국은
바람에 떠밀려 바람의 방향으로 움직인다
면밀히 지켜보니
우리네 삶이 얼비친다 그러하기에
떠돌다 어느 한 계기로 가시에 걸려 혹은
양지바른 언덕에 닿아 자리 잡게 될 때까지
겹겹 장애물이 앞을 가로막더라도
혼자보다는 이왕이면 둘이 한 몸으로 엉겨
활발하게 사랑하며 넘어보라고
주례사 읊듯 조용히 생각을 얹어보는 순간
껑충껑충 바빠진 한 생이 내 머릿속에서
바람의 급물살을 타고

족보에 한 획을 그으며
행진곡에 맞춰 먼 길 떠날 채비를 한다
공터에 널브러져 길게 누웠던 고요가
눈부신 하객 되어
일제히 손뼉 치며 일어선다

개누므 새끼들

할아버지는 오늘도 정치인 싸잡아 개누므 새끼들이다
한 달에 한 번꼴로 오시는 할아버지 연세는 여든둘
목포에서 울산으로 고등어 운반 일을 하시는 할아버지는
일단 가게에 오시면 신문부터 읽으신다
할아버지께서 읽으시는 신문에는
행간마다 개누므 새끼들이 들어 있기라도 한 걸까
후렴구 읊듯
에라 잇 개누므 새끼들 개누므 새끼들 하시는데
그 목소리가 어찌나 거칠고 크던지
행여 이웃이 우리하고 싸우는 줄 알까 봐
개누므 새끼들이 여간 귀에 거슬린 게 아니었다
오늘도 사무실 들어오시자마자
TV 뉴스 채널 틀어놓고
여러 번 개누므 새끼들 하시더니
신문을 펼쳐 들고 앉으시고는
정치인들 싸잡아 얼굴에 똥칠이라도 하겠다는 듯
손가락 끝에 침 꾹꾹 눌러 묻히고
에라 잇 개누므 새끼들이다

촛불 집회로 정권이 바뀐 때나 지금이나
별반 다를 게 없는 현실에 맞닥뜨리고 나니
할아버지의 개누므 새끼들이 시원하다
속으로 따라 해본다
(에라 잇 개누므 새끼들)

그날 나는 노브라였던 거야

한 달에 한번 병원 가는 날
가는 김에 감기 진료까지 받는데
아차, 어젯밤 잠자리 들며 벗었던 브래지어를
아침에 챙겨 입지 않았던 것이다
설상가상 보풀보풀 보풀이 생긴
내의를 입었다는 것이 그제야 생각나는 것이다
내가 앉은 회전의자는
젊고 탱탱한 젊은 간호사에 의해 돌려지고
젊고 탱탱한 젊은 간호사 손에 의해
의사 선생 앞으로 맨 등이 드러난 것이다
청진기를 등살에 대며 숨을 크게 쉬어보라는
의사 선생 말씀에
웃옷 앞섶을 꽉 잡아당겼던 것이다
부끄럽고 화끈거려
어떻게 숨 쉬고 진료에 응했는지
어질어질 진료실을 빠져나오는데
문 밖이 아득한 절벽 같았던 것이다
대기실에 앉아 무심히 쳐다보는

낯선 눈빛마저 야속했던 것이다
붉어진 낯빛이 서러웠던 것이다

당신은 손님인가요

이것 보고 저것 보고
그래 봤자 기껏
계산대에 오른 것은 세 가진데
그중 브레이크 전구 하나 삼천 원에
처음 온 생판 처음 온 그 남자는
난봉꾼으로 돌변했다
이런 것도 돈 받느냐고
성난 메뚜기처럼 이리 뛰고 저리 뛰며
허공에 삿대질이다
따지고 따지고 또 따지는 남자에게
논리도 원칙도 통할 리 없다
그깟 삼천 원 안 받아도 그만이지만
남자의 분탕질에
뾰족뾰족 성질 돋았다
이미 당신은 나에게 손님이길 거부한 사람
그래 좋다
오지게 한번 따져보자
당신은 손님인가요

몸시질하다*

한 달째 작동 멈춘 자동차 정비 리프트 위에
샛노랗게 물든 은행잎 너덧 장이
단단한 고요 위에 가슴을 열고 앉아
몸시질한다

아침부터 저녁까지
주중 일요일 빼고는 빨간 날 토요일도 없이
무거운 자동차를 얹고 죽을 둥 살 둥
낑낑거리며 오르내리던 리프트가
그러니까 한 달째 멈춰 선 것인데

죽어라 일만 시키던,
죽어라 일만 하던 남자가
허리디스크를 앓으며 병실 침대에 드러누우면서
몰래 늑골을 앓던 리프트는
황금 같은 휴가를 얻은 것인데
퀴퀴한 매연으로부터
온몸을 짓누르는 무게로부터

자유로워진 것인데

그 등에 깃털 같은 샛노란 은행잎이 앉아
보드랍고 찰진 몸짓으로
아름다운 유혹을 하고 있음에도 불구하고

참,
심심해 보인다
참,
쓸쓸해 보인다
참,
슬퍼 보인다

꼬질꼬질한 얼굴로 기름때 묻은 옷 입고
쉼 없이 리프트 작동시키던 남자가
말끔한 얼굴로 하얀 시트가 깔린 침상에
환자복 입고 물끄러미 누워
애먼 TV 채널을 올렸다 내렸다 하는데

참,

심심해 보인다

참,

쓸쓸해 보인다

참,

슬퍼 보인다

---

*김선우 시인의 「불경한 팬지」에서 인용.

물억새

신경외과 수술 대기실
다리를 반 접어 세운 그녀가 침상에 누워
핏기 잃은 누르딩딩한 얼굴로
파르르 떨고 있다
—후궁 절제 또는 수핵 탈출술—
그녀가 오늘 받을 수술 명이다
한 줌 뼛가루가 된 남편을 보내던 날
그 강 언저리에 멈춰 선 푸른 생
언젠가는 씨앗 되어 날아갈 꽃인 줄 알면서
그가 남기고 간 꽃 키우기에 급급했다
한 시절 지나고 나면 이렇게
가는 바람에도 툭 하고 분질러질 줄
생각 못한바 아니지만
제 몸 돌볼 겨를 그녀에겐 없었다
강물 차츰 얼어붙으면서 목 죄어 올 적에
뿌리만은 지키겠다고 시린 다리 곧추세워
봄을 기다리는 억새처럼
이 한 몸 가루가 되더라도 너희는 내가 지켜주마

꽃에 했던 약속 지키려고
가물가물 마취 중에도 연방 꽃 이름 부르다가
깊은 잠에 든다
끊어진 신경이 이어지고
차갑던 발목에 온기가 돈다
부르다 잠든 생생한 꽃 이름 물고
또 하나의 강을 여는 그녀의 숨결
물억새는 그렇게 그렇게
봄을 맞는다

깨어진 찻잔

떨어져
산산조각 났다

슬며시
내미는 손
덥석 베어 문다

버림받았다 생각 들면
가슴에
칼날부터 세우는구나

밥 전쟁

한눈파는 사이
밥 대신 퍼먹던 과자 그릇이 엎어졌다

귀찮아 날름날름
쏟아진 과자를 주워 먹는다

아까부터 주위를 맴돌던
파리가 껴들고 개미가 껴들고 거미가 껴든다

내 한 끼 지키기 위해
필사적으로 바닥을 핥는다

내게도 배고픈 그림자가 숨어 있었다
밥 전쟁이다

업둥이

살을 에는 바람 쌩쌩 부는
마을 입구에서 바들바들 떠는 파키라를 발견
집으로 데려왔다
병색 짙어 누릿한 이파리 뚝뚝 떨어지는 파키라
소생 같은 거 따져 볼 겨를 없이 화분에 흙을 채워
뿌리를 깊이 묻어주었다
생을 포기한 듯 잎을 모조리 버리고
앙상히 생가지만 남았어도
나는 그를 믿었다
여기가 네 집이야 우린 가족이야
시도 때도 없이 곁에 쪼그리고 앉아 속삭인 사랑
쿨룩거리는 기침에 놀라 눈 뜨고
어느 때는 호호 깔깔 웃음소리에 덩달아 생기 찾았는지
수런수런 깃 치는* 연둣빛 소리로 슬그머니 잎 틔우더니
푸른 잎 쭉쭉 펴 평수 넓히고 키 세워
거실을 완전히 장악하고
아침저녁 가족들을 제 앞으로 불러 모은다
당당히 뿌리내린 몸짓

이제 열린 창으로 들어오는 실바람에도
소소소 노래를 부른다
이따금 푸른 손바닥을 펴
살짝 우리 가족 엉덩이를 치는 여유도 보인다
경계가 사라진 곳에서 웃음꽃이 피었다

---

*김선우 시인의 「나생이」에서 인용.

무량한 바위책입니다

눈을 감고 반구대 암각화 유구한 시간 속
여행을 떠납니다

범을 쫓던 용감한
작살을 던지던 비장한
사랑을 나누던 간절한
말하지 않아도 듣지 않아도
살아남기 위한 몸짓이었을
세상 부드러운 일상을 담은
단단한 바위책이 열리고
차례차례 그들을 만납니다
사랑을 나누던 간절함은
내게도 있습니다
새끼 품은 어미 고래가 작살을 피해
먼바다로 떠난 삶도
내게 있습니다
여전히 살아남기 위해 범을 쫓는
물경(勿驚) 무겁고 무량한 바위책입니다

제2부

마른 억새가 살점을 베어 문다

누운 채 기저귀에 오줌똥 싸는 구순의 시어머니
종일 밭에서 일하고 돌아온 늙은 며느리에게 어딜 갔다 왔느냐고 마른입으로 거친 욕 퍼부어댄다

새벽에 일어나 엉덩이 한번 지긋이 바닥에 붙이고 쉬어보지 못한 늙은 며느리는 고사리 꺾다가 마른 억새에 손이 베여 피가 난 것을 뒤늦게 알고

구순의 시어머니 똥내 나는 욕을 온몸으로 받으면서도 한마디 대들지 않고 돌아앉아 마른 억새에 물려 베인 손가락 후후 불고 밴드를 붙인다

무어라고 읽어야 하나
저 늙어가는 며느리가 묵묵히 쓰고 있는 유적을

집은 죽었다

오래된 집 뒤에는
오래된 나무가 한 그루씩 있다

집이 오래되어 기울면
담벼락도 기울고
나무도 함께 기운다
기울면서도 나무는 때 되면 환하게 잎과 꽃을 피운다

이제 살면 얼마나 살겠노
그냥저냥 사는 거지
오래된 집에 사는 노인은
듣는 이 없이 홀로 중얼거리며
나무가 드리운 그늘을 깔고 누워
삐걱삐걱 살아간다
올해도 집 뒤 돌배나무는 알아서 꽃을 환하게 쏟아 피웠다

때 아닌 강풍주의보가 있던 다음날
나무가 사라졌다

나무 때문에 집 무너질까 봐
나무를 베어 나갔다

오래된 나무가 잘려 나가고
민머리 그대로 드러난 오래된 집
훤한데 어둡다

집은 죽었다

죄다 가해자

마을 쉼터에 주민 여럿이 식구처럼 둘러앉아 밥을 먹는다
그중 유난히 음식을 흘리는 사람은
어제도 흘리고 오늘도 흘린다
어딜 가나 강자가 있고 약자가 있는
세상 이치에 학습된 사람들

대놓고 호통치고 면박 주는 사람 있는가 하면
기다렸다는 듯
맞장구치고
못 본 척 외면하는가 싶다가
한 사람이 웃으면
같이 대놓고 웃는 여럿

음식 좀 흘린 게 대수냐고 대들던 외로운 한 사람
불 위에 오른 가재처럼 낯붉히고
밥술 뜨던 숟가락 불편하게 내려놓는다

서로 아닌 듯 말문 닫고

태연하게 밥 먹는 사람들
달그락 수저 소리 한번 요란하다

선운사엔 사시사철 동백꽃 피더라

선운사에 낭자한
동백꽃 소문 듣고 보러 갔더니
사시사철
동백꽃 있는 것 아니더라

꽃 피는 자리 아래
묵언 든 푸른 손바닥
마른 가을볕 조용히
받들 뿐

시월 선운사에
동백꽃은 없고

동자승
그 볼
꽃보다 붉더라

부추께서 물으신다

긴 겨울을 이기고 자란 첫 부추는
아들에게도 주지 않고 신랑에게만 준다고 했지

그러나 여름 장마철이 되면 부추 밭에는
웃자란 부추가 그대로지

그 틈을 알고 꽃대 세운 부추는
배알이 났는지 하얗게 하얗게 별꽃을 피우지

부추께서 별꽃으로 물으시지
내 아득한 봄날이 저문 것이냐

내 꼭꼭 숨었지

—86세 할머니를 찾습니다
　정신 지극히 온전하시다
　듣는 귀 밝으시다
　말씀 잘하신다
　지팡이 짚으며 걷고
　계단은 혼자 오르지 못하신다
　4남매 연락처 호주머니 깊숙이 넣고 계신다

86세 할머니 아침 운동 모시고 다녀온 예순 며느리, 집 앞 나무 그늘에 할머니 앉히고 화장실 다녀오니 할머니가 사라졌단다 조용하던 동네가 쑤셔 논 벌집처럼 웅웅거렸다 경찰이 오고 이웃이 나서고 가족 중 누군가는 선산을 다녀오고 할머니를 잃어버린 며느리는 동네를 뒤지고뒤지고 또 뒤지고 뉘엿뉘엿 해가 서산을 넘을 무렵 두 집 건너 빌라 옥상에 할머니 계신다고 연락이 왔다 우르르 달려가 마치 국위 선양하고 귀국하는 영부인 맞이하듯 할머니를 부축하고 말없이 따르는데 축 늘어진 할머니 세상을 향해 꼬장꼬장 던지는

서른여섯에 혼자 되가
4남매 키왔띠마넌
저거 살기 바쁘고
내 쉴 곳이 없다
저기 옥상에서 보이
느그 오늘 내 찾니라꼬
왔다갔다 난리데
내 다 봤다

아무렇지 않게 하시는 썩어 문드러지게 오래된 아픈 말
저 꼿꼿함 어디서 나오는지
기우뚱, 세상이 기운다

세상에서 가장 궁금한 안부

매일 아침 우리가 출근도 하기 전
먼저 도착하여 가게 앞에서
잘 접은 폐지처럼
몸을 반으로 접고 앉아 문 열기를 기다리는
폐지 줍는 할아버지가 있다
우리끼리는 할아버지를 회장님이라 부른다
체구는 초등학생 3학년 남자 표준 키에
마를 대로 깡마른 체구의 할아버지는
벌써 십수 년째 우리 동네 폐지를 줍고 계신다
폐지 손수레를 끌고 가시는 모습을 뒤에서 바라보면
손수레가 저 혼자 굴러가는 듯
할아버지가 보이지 않는 것은 작은 체구 때문이다
나는 할아버지를 위해
일정한 자리에 차곡차곡 폐지를 모아둔다
운 좋은 날은 돈 되는 고물도 나오고
그런 날은 내 기분도 최고
눈이나 비가 어지간히 오지 않고는
어김없이 우리보다 먼저 출근하시는 할아버지가

이 주째 보이지 않는다
쌓여가는 폐지만큼 내 걱정도 쌓여간다

—할아버지 안녕하시지요?

바다를 심는 아낙들

벼 수확 끝난 들판에
양파 심을 준비로 하얗게 비닐이 깔렸다

짝을 지어 골을 차고앉은 아낙들
손놀림이 재바르다

바다가 뱉은 하얀 포말 같은 비닐 위
아낙들의 손길로 서서히 푸른색 물든다

저녁이 되자 아낙들은 밀물에 밀려 빠져나오고
푸른 양파로 그득 찬 들판, 물결이 인다

온몸에 송골송골 맺힌 소금기 털며
집으로 향하는 아낙들

등에 쌓인
노을이 검붉다

증언
—긴 말 않겠네

심지어

마을 뒤 선산에서 놀던
아무것도 모르는
아무것도 모르던
겨우 열두 살 어린이가
총소리에 놀라 허겁지겁 숨다가
벗겨진 고무신 한 짝을
돌아서서 그 고무신 한 짝을 줍다가
마구잡이로 쏘아대는 총알에
별이 되어버린 진실마저 은폐된

그것이 5·18이라네

수의 입은 나방

나방 한 마리가 파드닥거리고 있다
임종을 알고 정갈하게 수의를 갖춰 입기라도 한 듯
하얀색 나방 한 마리가

가만히 지켜보니 개미들이 나방의 몸 구석구석을 파고들어
집중 공격을 하고 있고 나방은
혼신의 힘으로 파드닥거리고 있는 것이다
나는 마지막 가는 길을 영도하듯 두 손으로 받쳐 들고
악착같은 개미 떼 털어내고
붉게 만발한 수국꽃 위로 옮겨 주었다
편안해 보인다

시간이 지나고 다시 들여다본다
미동이 없다
미세한 움직임이라도 감지하려고
집중하는 눈에 들어온 개미의 행렬
독한 요놈들
기어이 냄새를 피워

먹잇감 좇아 꽃대 타고 무리 줄지어 올라
나방의 명줄 끝내 끊어 놓았다

붉디붉은 수국꽃 위에서 생을 마감한 나방
오래도록 내게 남을 마지막 몸부림이다

하 약국*에서 조제 받은 김치

오일장이 열린 날
함양 읍내 하 약국에 어머니 여럿이다
단발머리에 빠글빠글 파마한 모습
뒷모습이 똑같다 앞모습도 똑같다
자매도 아니고 서로 사는 동네도 다 다르다는데
똑같다 한술 더 떠
이곳에서 자주 만나는지 서로 친해 보인다

"김장은 했나?"
"했지 내 오늘 죽을지 내일 죽을지 모르지마는 내 죽더라도
자슥들은 갖다 무야 될 긋 아이가 그래서 했지"
"하모 와 아이라 나도 했다"
"맞다 맞다"

서로 고개 끄덕이는 어머니들
어림짐작으로 봐도 평균 연령은 팔십오 세다

집으로 돌아와 점심상에 오른 김치를 찢어 먹는데

혀끝은 맵고 코끝이 찡하다
눈물이 핑 돈다

---

*하 약국: 함양군 함양읍 소재.

소가 우는 밤

산 그림자가 질 무렵부터 시작된 소 울음소리
초저녁 TV 소리에 섞여 무심히 들었다

새벽녘 오줌이 마려워 깼는데 소는 그때까지
구슬피 울며 적막한 밤을 보내고 있었다

송아지를 떼어 놓으면 어미 소가 며칠은 운다는데
마을 뒤 축사에 어제 낮 송아지가 팔려 갔다

새끼 잃은 어미 소에게 몹쓸 짓인 밤
달빛은 슬픔을 희롱하듯 왜 그리도 하얗던지

그때

현이는 여고를 갓 졸업한 스무 살이었고
나는 혼기 꽉 찬 스물여덟이었고

시골에서 막 올라온 현이는 말할 상대가 없었고
나는 사돈 간인 현이를 살갑게 대하지 못했고

현이는 유부남 직장 상사가 사랑한다고 믿었고
나는 미쳤다 미쳤어! 빈정거리기만 했고

무너진 처녀성에 깔린 현이는
여태껏 벽장에 갇혀 헤죽헤죽 웃고 있다는데

그때
내가 현이 손을 잡아줬더라면
현이 손을 잡아줬었더라면 그때 내가

옥수수가 걸어간다

연이은 폭염 속에서도
푸른 옥수숫대가 꼿꼿이 줄지어 걸었던 것은
알고 보니
등 굽은 어르신이 옥수수밭 고랑을 지나고 있었던 것이다

어르신 옥수수가 다 익었네요

수염이 말랐나 꺾을 때가 됐나
허리가 굽어 땅만 보고 사니
그놈이 익었는지
그놈이 익어도 딸 수가 없다

그럼 왜 심었나요

그거라도 심어 놔야 누구든지 오지
익었다니 곧 누가 오겠구만

처진 옥수숫대 그림자를 깔고 앉고서는

겨우 옥수수를 치받아 보는 어르신
마지막 호흡이 될지도 모르는 숨까지 짜내 뱉는
애타는 거친 숨을 바람이 물고
급히 마을 밖으로 나간다

폐타이어

오돌토돌 골 무늬 훈장처럼 새기고
고인 물 그쯤이야 햇발 따라 흩뿌리며
먼 길도 가깝게 달리던 한 생의 뒷모습

선명했던 지문들 닳고 닳아 흐릿해져
곱다시 흙을 채워 씨앗 품고 싶어요
버려진 헌신짝 되어 나뒹굴고 있지만

누구 없나요 나 흔들어 다시 꽃 피워줄 이
눈물 돋게 푸르른 날 바람이 이끄는 대로
강 건너 산허리 질러 같이 언덕 오를 사람

제3부

나는 엄마다

나는 무신론자다
종교를 믿지 않았다

자식을 낳고 신에게 무릎을 꿇었다
처음엔 어색해 망설였지만
한번 꿇은 무릎은 쉽게 꿇어졌다

이후 나는 없고
엄마는 있다

자식을 위해
날마다 기도하는

달도 앓는 밤

음력 구월은
달도 몸 시리다고 앓겠다

다리 위를 걷다가
살랑살랑 물결 위를 걷고 있는,
강을 건너기 위해
밤새 걷고 또 걸어야 할
초저녁 물속에 잠긴 달의 하얀 맨발을
우연히 본다

저 달은
야윈 초승달이거나
창백한 보름달로
창을 뚫고 은근슬쩍 내 방까지 들어와
아랫목에 누운 내 몸 위에
몸져눕겠다

그러한 밤이면

구월 초여드렛날 몸을 한차례 풀어
헐거워진 헛구덩이를 안고 사는 어미인 나는 또
구석구석 몸 시리겠다

음력 구월은
궁근 몸 말았다 펴며
야윈 어미가 되었다가
달 뜬 여자가 되었다가
끙끙 앓는다
한 달 내내 앓는다

살갗이 먼저 그립다고 운다

찬바람 불면
트실트실 살갗이 먼저 그립다고 운다

자다가 뒤척 이불을 감으면
뒤꿈치를 걸고 드는 올에
엄마야

한 겹 한 겹 입을 때마다
손가락 끝을 물고 매달리는 올에
엄마야

쓰라린 살갗
아리아리 운다

겨울밤 머리맡에 앉아
결 거친 뒤꿈치 긁던 엄마가
내 뒤꿈치에 굳은살로 앉았다

이팝나무를 바라보며

끙끙 앓고 난 아침
나는 입맛 없어 깔깔한데
고슬고슬 갓 지어 푼 고봉밥처럼
아파트 단지 내 가로수 이팝나무마다
모락모락 김이 피어난다

밥 먹어라 입맛 없으면 밥맛으로라도 먹어라
죽이라도 끓여 줄까
걱정하시던 울 엄마 생전 말씀
잔소리 같아 싫었는데

식구들 모두
제 앞가림한다고 바쁜 세상
엄마가 된 나는
그립다 그 잔소리

대통*

연필꽂이 만들려고 마디 잘라 옮겨놓은 대통 속에
갉작갉작 살갗 갉는 숨은 벌레 소리
쿵, 심장이 내려앉는다

자라는 내 키에 비해 점점 작아지는 어머니
나이 들면 쪼그라드는 모양이다
당연히 여기고
곤히 잠든 겨드랑이 파고들어 밤낮 저 벌레들처럼
온기 갉아먹고
내 키 키웠다

관절 마디마디 자식들 품고
겉잎 떨궈 썩히며 힘겹게 펼친 치마폭으로
아픔 가리고
꿋꿋이 자리 지켰을 어머니

풀어진 그리움 낱낱에 물감 찍어
댕강 잘려 온 두루뭉술 저 허리춤 닮은 대통에

새색시 적 연지 볼 그려 넣으면
어머니 푸른 무르팍 다시 일어서려나

---

*대통: 쪼개지 않고 짤막하게 자른 대나무 도막.

엄마의 부처

느그 아부지 이 년 넘도록 오줌똥 받아냈는데 오줌똥 받아내는 일은 양반 일인기라. 가마이 누버가 오줌똥도 몬 가리매, 날로 갖다가 어찌나 구박하던지 영감 죽었는데 고마 눈물 한 빵울 안 나. 하루는 방생 갔다 오는데 어두워져뻣어. 인자는 집에 불이라도 켜놓고 있을 영감도 없는데 무덤 속같이 깜깜한 집에 들어설 일이 아득한 기라. 팔십 평생 살았지만 간이 안 작나, 내가. 그래 마른 한숨 폭폭 쉬며 걸어오는데 이웃 홀아비가 골목 밖에 나와 안 있겠나. 속으론 어떻기 반갑던지 누구 아부지요, 우리 집에 불 좀 켜주고 가소, 하고 싶더마넌 내 암만 늙은이지만 어제 같이 영감 저 세상 보낸 할마이 집에 홀아비가 밤늦게 드나든다는 거는 동네 남사시러버 안 되겠는 기라. 그래서 주먹 꾹 쥐고 내 인지 언제 저 세상 갈지 모르는 몸이 무섭긴 뭐가 무섭노, 하미 골목길에 접어드는데 하이고, 우야꼬! 우리 집에 불이 환한 기라. 누고? 누가 왔노? 하며 마당에 들어서는데 어무이, 냅니더. 인자 오십니꺼? 큰 아가 내를 반기는데 고마 내가 두 손 모아 합장하고 관세음보살, 관세음보살! 어찌나 고맙든지, 그 순간 내한테는 부처가 따로 없는 기라.

평생 걱정

얼음은
몸 풀어
맑은 노래 부르고요

누에는
몸 풀어
결 고운 비단을 짜고요

거미는
몸 풀어
멋진 집을 짓는데요

엄마는
몸 풀어
평생 걱정 얻었어요

내게도 만만한 길이 있다

백화점 대형할인점 안에서도 나는
종종 길을 잃는다
혼자 지하철을 탄다거나
자가 운전한다는 것은
엄두를 못 내는 이유이기도 하다

그런 내게도 만만한 길은 있다

배고팠던 시절
큰언니와 가끔 찾은 옥교동 중앙시장 먹자골목
내 몸이 골목길 냄새를 기억하고 있다

타는 기름에 익는 고소한 전 냄새
하얀 김 피우는 매콤한 떡볶이 양념 냄새
내게 엉겨 붙던 끈적끈적한 순대국밥 냄새

몇 차례 상호가 바뀌고 주인이 바뀌어도
옛길 그대로인

옥교동 중앙시장* 안에서 나는
길을 잃지 않는다

---

*울산광역시 중구 옥교동에 있는 전통시장.

감자꽃이 웃고 있어요

긴 봄 가뭄 끝에 내리는 단비 맞고
꽃이 웃는 만큼
감자는 토실토실 살이 찌겠죠

세상 엄마는 자식 먹는 것 보면
꽃과 같이 환하게 웃으며 말하지요

엄마는 먹지 않고도
배부르다고요
행복하다고요

보셔요
지금 감자꽃이 웃고 있네요

한 그루 나무가 되셨네

태풍 맞고 쓰러져 누운 나무에서

잎은 자라고 가지가 뻗듯

뇌출혈로 쓰러져 누운 식물인간 아버지 몸에서

수염이 자라고 손톱 발톱 자란다

잘라도 잘라도 변함없이 자란다

샘샘입니다

대학병원 응급실
간경화 말기 시어머니 보호자로 남아
검사를 위해 오줌을 받으려고
종이컵을 그곳에 갖다 대려는데
시어머니 낯부끄럽다며 자꾸 다리를 오므리신다

환자니까 괜찮다고
환자는 그래도 되는 거라고
아기 달래듯 달래는데

나를 잡고 간신히 앉은 변기에서
몸은 기울어도 정신은 꼿꼿한 시어머니
내 손길이 은밀한 곳에 닿자
오줌 줄기만큼 가는 목소리로
비밀 말하듯 나직나직 꺼내는 지난 이야기

종성이가 네 배에서 나오던 날
저세상 계신 엄마를 네가 어떻게나 찾던지

아파하는 배를 대신해서 쓰다듬어 주려고
네 아랫도리 덮은 이불을 걷는데
거기 새까맣게 머리가 안 보이냐

시어머니 오줌 받으며
내 아들 출산 때 이야기를 듣고
덧붙여 하신 고맙다 에미야
평소 안 하시던 그 말씀 너무 무거워
하고 많은 말 중에 멋대가리 없이
네 어머니 샘샘입니다 했더니

시어머니 살풋 웃으신다

어머니가 살아있는 집

아슴아슴한 기억 속 고향 집을 찾아가면 떨어진 제 살 부스러기 모여 쌓인 흙더미에 흐물흐물 기둥 발로 남은 외다리 오래도록 묻고 휭휭하게 선 몸 조각 하나 딱 보면 상이군인 모습이다 그렇거나 말거나 거두는 손 없이 푸른 잎 바람에 펄럭이며 열매 키우는 감나무 석류나무를 왔다 갔다 푸드덕거리는 새 떼에 얼이 빠져 있다 보면 황금빛 저녁노을 반겨 정지문이 열리고 이승에서 다시는 뵐 수 없는 어머니가 하얀 명주 수건 곱게 쓰고 단정히 앉아 수년에 한 번씩 기억난 듯 찾아간 나를 "오야, 왔나!" 섭섭함 없이 환하게 반기신다 자식들 제각각 볼 일 마치고 품으로 돌아올 저녁 되었는지 일곱 구덩이를 품고 궁글어진 몸을 구부려 아궁이에 후후 불을 지피고 계신다 타오르는 불빛에 더욱 선명한 어머니 얼굴은 구수하고 온화한 미소다 어머니가 살아있는 집 여기만 오면 허기진 배가 급히 채워진다

아버지의 작별을 보다

오지 집에 홀로 남은 연로하신 아버지
자식들 성화에 못 이겨 손때 묻은 세간 살림 두고
옷가지 챙겨 요양원 가던 날
"아버지 뭐 잊은 것 없어요?"
자식들 묻는 말에
"고마 가자!"
한마디 하곤 입 꾹 다무신다
먼저 간 아내를 선산에 묻던 날보다 더 슬퍼 보이는
저 아버지 낯빛
깨물듯 힘주고 닫은 입술 달싹거릴 때마다
조금씩 들여다보이는 입속은
폐광된 동굴처럼 깊고 깜깜하다

아버지는 지금
평생 살던 집과 기약 없는 작별 중이다

사라진 말씀들

시어머니 선산에 묻던 날

오늘 쉬는 날이제?
안 올래? 출발했나?
너그는 조상도 없나?
너그는 더 자고 가그라이
네 맛 내 맛도 없네

면전에서 혹은 전화선을 타고
나를 불편하게 했던 말씀들
시어머니 한 생이 흙에 묻히던 날
함께 묻혔다

듣는 내내 억울하고 속상했지만
단 한 번도 대들거나 변명조차 해보지 못했던
시어머니 말씀들

어쩌면 머지않아 나는

저 말씀들을 그리워하게 될지도 모르겠다

사라진 것들은 언젠가 그리워하기 마련이니

나는 백수다

이십오 년 일해 온 가게를 접고
백수가 된 지 그럭저럭 오 년이 지난다

노동 시간에 있어서 대가(代價)가 돈이 아니면 흔히들 백수라 부른다
빨래하고 밥하고
여전히 남편 뒷바라지에
자식 뒷바라지
안 하던 텃밭 가꾸랴 화단 가꾸랴
예전보다 일이 더 늘었지만
대가를 돈으로 받지 않는

나는 백수다

긴장할 일도 계산할 일도 없는 백수의 일상
그런데 바쁘다
말도 못하게 바쁘다

제4부

조금 가난할 뿐입니다

요즘 무엇 하며 사느냐고요?
꽃등에 불 켜는 일을 돕고 삽니다
내 집 마당부터 골목 지나 마을 어귀까지
식물들이 꽃등 켜느라 좀 바빠야지요
그들이 꽃 잘 피우도록 돕느라
어느 하루 손톱 밑이 말간 날 없습니다
손등이 새까맣게 탔습니다
내 손에서도 꽃이 피려는지
꽃봉오리 닮은 관절이 툭툭 불거집니다
살결이 흙 결 닮아 갑니다
그래도 좋습니다
누군가는 꽃길을 걸으며 좋아할 테니까요
뭐 벌어 먹고사느냐고
그런 눈으로 묻지 마세요
기쁨도 벌어먹을 만합니다
배는 부릅니다

사랑의 표절

봄물이 돋긴 하였으나
속까지 다 들여다보이는
마른 덤불에서
메까치 두 마리
사랑놀이 한창이다

누군가 보고 있는 것도 모르고
서로의 겨드랑이 속살까지
쿡쿡 쿡 쪼아대며
낯붉힘 없이 내는 신음 소리가
환한 봄볕을 타고 사방으로
생생하게 새고 있다

세상 그 누구도
저 절정에 도달한
사랑놀이에 물경
껴들 수는 없는 노릇

슬금슬금 몸 낮춰 뒷걸음질로 도망쳤다

오늘 밤 이불 속에서

저 신음 표절 한번 해볼까

불온한 생각에

한낮

내 몸도 확확 함께 달아오른다

오동나무 꽃그늘 아래서

인적 드문 오지에서
그래도 혹여나 하는 마음에
오동나무 둥치 뒤에 숨어 앉아
볼일을 보는 중이었습니다

툭,
머리를 치고 떨어지는
보랏빛 오동꽃을 인기척인가 놀라
서둘러 바지를 올리고 싶었지만
부글거리는 속을 못 참고 빠져나오던 줄기는
생각대로 잘리지 않았습니다

불안하게 주변을 살피던 중
하늘 쪽에 시선이 닿았습니다
찰나에도 맥없이 툭툭 떨어지는 오동꽃,
바람도 별로 없는 고요 속에서
오동나무는 한 시절 찬란히 빛났던 꽃과
이별 의식을 치르는 중임을 알 수 있었습니다

그 엄숙한 의식 속으로 몰래 숨어든 나는
분명히 생각 없는 방해꾼이었습니다

지금 오동나무도
나도 비우기란 마찬가지인데
지는 순간에도 향기를 잃지 않는
오동꽃 앞에서 나는
일생 구린내 진동하는 똥만 비워 온 행위가
참 부끄러웠습니다

봄날의 기도

무르익은 봄바람에
꽃비 흩날리는 길을 걷습니다
지는 꽃 옆에서 꽃이 피고
피는 꽃 위로 꽃이 지고 있습니다

바라옵건대

내가 이승을 건너 저승으로 가는 그날도
삭정이마다 맵찬 바람 불고 우는 날보다는
지는 꽃 옆에서 새로운 꽃이 피어 웃고
피는 꽃에 취해
지는 꽃 쉬이 잊을 수 있도록
오늘처럼 환한 봄날이게 하소서

산들바람에 진 꽃이
내 마지막 가는 길에 꽃비로 흩날려
떠나는 나도
남는 그대도

이별을 조금 가볍게 맞이할 수 있게
오늘처럼 환한 봄날이게 하소서

개미는 집을 잃었다

나는 단지
봄볕이 좋아 꽃씨 넣으려고
화단을 파헤쳤을 뿐인데
개미들이 놀라 뿔뿔이 흩어진다
먹이를 물고 집으로 돌아가던 개미는
어쩔 줄 몰라 바둥거리고
길을 닦던 개미는 하던 일 멈추고
죽을힘 다해 벽을 타고 기어오른다
놀라지 않는 개미는 단 한 마리도 없다
평생 제집으로 알고 살았을 개미들이
하루아침에 몽땅 잃고
거리에 나앉게 생겨 원망도 할법한데
있어도 그만 없어도 그만인
몇 송이 꽃을 위해 내가 파헤친 삽질에
천지가 개벽하고 무너져 내려도
말 한마디 못한다 개미는

꽃의 장례식

철 지나 꽃 드문드문 남은 산에
부슬부슬 는개가 내린다

위로 향해야 할 나뭇가지들 젖어
죄다 아래로 향해 있고

젖은 목은 고개를 숙이는 법
시선과 시선이 맞닥뜨려 닿은 바닥
꽃 주검 낭자하다

떨어진 꽃잎에 가지들 흘리는 눈물바다
나는 지금 꽃 장례식에 서 있다

때맞춰 선소리꾼처럼 우는 방울새 소리에
덩달아 산은 온통 눈물로 젖고

비를 문 바람은 꽃을 운구하느라 바쁘다
이승에서 저승으로

물의 혀

잔잔히 고여 있는 물에서는 보이지 않는

풋봄을 노래 부르며 흐르는 물에서는 보이지 않는

가뭄에 타는 대지를 적시는 물에서는 보이지 않는

그러나 폭우가 쏟아지면 물은 거침없이 혓바닥을 내밀고

돌도 씹다가 뱉고 산도 무너뜨렸다

성난 물의 혀 앞에서는 누구도 속수무책

혓바닥이 드러난 물 앞에서는 모두 납작

일단 숨죽이고 기다려야 했다

그러나 폭우가 그치자 물은 스스로 혀를 거두었다

있었던 것들이 순식간에 사라진 자리에는

물이 삼키다 뱉은 것들이 뒤엉켜 악취 진동하고

보이지 않았던 것들이 드러난 자리에 새로운 골이 생겼다

물은 혀를 숨긴 채 능청스레 흐른다

고문

골목 안 식육점 아저씨는

진열대 위에
손질하다 만 생 뼈다귀 잔뜩 널어놓고
방금 펄펄 끓는 솥에서
수육을 건지는가 싶더니

목줄도 매지 않은 백구에게
식육점을 통째 맡기고
급히
볼일 보러 나간다
종종 그런다

돌풍 앞에서

순식간이다

먹장구름 산허리 감고 하늘은 우지직 쿠르릉 파라솔이 날아가고 텐트가 날아가고 사람들은 갈팡질팡

그때 보았다

산에 나무들은 일제히 서로 보듬고 기대며 머리 돌려 숙이고 바람살 피하고 있었다

간혹 바람에 맞서 꿋꿋이 버티는 나무도 있었지만 어김없이 부러지고 말았다

바람 앞에 나는 늘 그랬다

피하면 안 돼 맞서 싸워야지

그러다 크게 상처받아 쓰러지고

잠시 낮추면 될 것을

바람이 내 몸 훑고 지나기를 기다렸어야 했다

돌풍엔 맞서는 게 아니라고

용틀임하는 몸짓 누르며 잠잠해지기를 기다리는

저 나무들처럼

죽음을 돌보다

뉘엿뉘엿 해 질 무렵
만발한 철쭉꽃 곁에 앉아 감상에 빠진 나를
못 봤을 리 없을 텐데
눈앞에 맥없이 떨어져 비틀비틀
꽃그늘을 파고드는 새 한 마리

초점 잃은 눈동자 거친 호흡
아찔한 죽음의 냄새
석연찮음에 앉은걸음으로 뒷걸음질 쳐
자릴 비켜줬다

다음날 아침
혹시나 하였는데
죽음으로 맞닥뜨린 새
만발한 철쭉은 전부를 내어 꽃상여가 되고
나는 한 죽음을 거두는
장례지도사가 되었다

차갑게 웅크리고 죽은 새를 거두자
몸보다 크게 움푹 팬 구덩이
새는 제 몸 앉히고
홀로 생을 접는 뜨거운 밤이
길고도 길었겠다

장례를 마친 오후
나는 아직 꽃나무 바라보기가 아픈데
또 다른 새는 들락날락
꽃그늘을 분주히 쫀다
아무것도 모르고

뱀에게 빼앗긴 행운

봄볕 화창한 길 양지쪽
우북히 자란 클로버
오늘은 꼭 찾고 말 거야
여기라면 틀림없이 있을 거야
네잎클로버를 찾기 위해
눈 부릅뜨고 살살 헤집는데
스르륵 뱀의 움직임
엉덩방아 찧고 물러났다
네잎클로버를 찾을 수 없었다
아니 찾는 일을 포기했다
뱀에게 행운을
통째 빼앗긴 것 같은 억울함
독하지 못하고 빽 없는
일생일대의 내 삶을 들여다보는 듯했다

벌레 먹은 사과처럼

빛깔 모양 다 좋은 사과도 많지만
망설임 없이
울퉁불퉁 한 귀퉁이 썩기까지 한
못난이 사과를 집는 까닭은

야금야금 벌레가 파먹고 들어와도
주저 없이 자신을 맡기고 익혀낸
단맛이 예뻐서다

사람도 마찬가지
부대껴 보지 않아
쓰라림을 모르고 저만 아는 이보다

어울림 속에서 곪아 터진 상처로
가슴 저미는 슬픔
겪어 본 이가 진국 아닐까

그립다는 것

장마 그치고 된더위도 지난 마당
떨어진 꽃잎들
꽃이 지며 홀로 흘린 울음소리
적요하게 고여 있습니다

생은 이울고
지는 순간 꽃은 자신을 어루만져 주었던
포근한 볕이 그리웠을 테고
가문 날 내렸던 단비도 그리웠을 테고
달콤하게 살 비비며 입맞춤하던
벌 나비도 그리웠겠습니다
지루하다 했던 장맛비도
타 죽을 것 같았던 폭염의 날도
이 속 저 속 다 안다고
대신 울어주던 풀벌레 소리도 그리웠겠습니다

그립다는 것이 어디
좋았던 최고의 날만 그립던가요

슬프고 아팠던 일은
말하는 그 자체가 그리움인 것을
꽃은 지며 비로소 알았나 봅니다

꽃 울음에 마음 묶여
공연히 눈은 시리고 가슴은 뜨겁습니다

업구렁이

울산시 중구 성남동 원도심 골목길은
꿈틀거리는 뱀을 닮았다
들이받을 뿔도 없고
사납게 할퀼 손톱 발톱도 없고
쓰러뜨릴 독은 더더군다나 없는
업구렁이 같은 길 구불구불 걸으면
나는 덩달아 순한 뱀이 되어
이 집 저 집 기웃거리게 된다
어느 집을 가나 주인은 금세
마음 읽은 접시를 꺼내 반기고
허기진 나는 접시 핥기에 바쁘다
순배 순배 술잔이 돌면
옛사랑이 떠오르는 노래가 나오고
벗이 더욱 그립다
여보게
중구 문화의 거리 골목길로 오시게나
구불구불 마중 나갈게
밥 먹자

바람이었으면

내가 사랑하는 당신이
차라리 바람이었으면 좋겠다

그리울 때 무작정 팔 벌리고
눈 감으면 느낌으로 다가와 어루만져 줄 테지

들숨 따라
무더기무더기 들어와
폐부 깊숙이
사랑 채워 넣고 갈 테지

먼 곳에 있다가도
보고 싶다 소리치면
쏜살같이 달려와
한 아름 기쁨이 되어줄 테지

내가 사랑하는 당신이
그래서 바람이었으면 좋겠다

무지개는 사라졌다

무지개가 떴다
세상 가장 크고 선명한 무지개가
손뼉을 치고 싶고 소리도 지르고 싶고
허파에 바람 든 사람처럼
방방 뛰고도 싶지만 다 참고
간절한 소원 하나 빌고 싶어
로또 당첨되게 해 달라고 할까
명시 한 편 쓰게 해 달라고 할까
취준생 아들에게 좋은 자리 하나 내주십사 할까
아니
그런 욕심 다 버리고
우리 가족 아프지 않게 해달라고 할까?
그것도 아니
마스크 벗고 살게 해 달라 할까
그러는 사이 무지개는 사라졌다
세상 다 얻을 것 같았던 순간도
세상 다 잃은 것 같은 순간도

해설

사라진 말씀들, 다시 소환하기

신상조(문학평론가)

세상을 소비하는 인간 호모 콘수무스(Homo Consumus), 즉 사회적 진화에 따른 현대인은 소비하는 존재입니다. 무엇을 소비할까요? 물질? 아닙니다. 현대인은 이미지를 소비합니다. 세상을 소비하는 인간 호모 콘수무스는 이미지를 욕망하고 이미지를 소비하며, 나아가 자신의 이미지를 적극적으로 전시합니다. 현대인의 삶은 이제 '보는 삶'에서 '보여주는 삶'으로서의 자기 전시가 정체성을 규명하는 필수적 요소로 자리매김합니다. 모두의 스마트폰이 각자의 프레임으로 세상을 보고 해석하는 창이라기보다, 모두의 창에 자신의 삶을 전시하는 데 몰두하듯이 말입니다. 그런즉 이미지는 현대인에게 필수 불가결한 요소입니다. 이러한 현대인의 또 다른 특징은 '사유하지 않는다'입니다.

이미지를 소비하고 나아가 자신의 이미지를 적극적으로 전시하는 시각 문화의 지배가 만연한 이 시대에, 일상을 수용하며 생각하기로서의 쓰기, 즉 관조나 성찰을 믿지 않는 시란 삶의 가능성을 믿지 않는 쓰기와 같다고 말하는 시가 있습니다. 정성희의 『사라진 말씀들』이 그렇습니다. 정성희 시인은 자신이 보고 겪은 사물이나 일상을 진지하게 해석하고, 이를 통해 자신의 다른 감각을 일깨우면서 의식과 행동을 새롭게 가다듬습니다. 그는 자신을 과시하거나 내세우지 않고 일상에서 느끼는 작은 감동과 소회를 담담하게 전하는 한편, 삶의 일면을 진솔하게 드러냄으로써 새로운 길을 능동적으로 마련해 나갑니다. 이는 우리가 정성희의 시를 가볍게 소비하기보다 가슴으로 보듬어 읽어야 하는 이유입니다.

『사라진 말씀들』은 정성희 시인의 첫 번째 시집입니다. 총 4부로 이루어진 이 시집의 1부와 2부는 장삼이사에 해당하는 다수의 시적 대상들이 때론 왜소하고 때론 천연덕스러운 삶의 주인공으로 등장합니다. 주목할 건 찰나의 생을 포착하는 순간의 시학이 1부의 주를 이루고 있다는 점입니다. 철학자들의 말에 기대자면 세계의 진실성을 접촉하는 일 혹은 세계의 '유동적 전체성'을 포착하는 일은 자기 안에 내재된 인식 체계를 포기하고 세계가 전체적으로 자신에게 드러나도록 기다리는 일입니다. 마음의 텅 빈 상태가 세계를 있는 그대로 수용하는 관조가 매우 비밀스럽고 찰나적일 수 있음이 그래서입니다. 시집의 2부는 삶의 진솔한 양상들이 보다 극적(劇的)으로 그려집니다. 미리 말씀드리자면 이 삶의 양상들에는 과거 삶의 방식이 자연스러운 형태로 남아 있습니다. 매체에 의해 재현되는 호들갑스러움에서 비껴 있는, 자본과 속도를 지향하는 시대 현실이 알고도 모른 척하는 실제적 삶의 한 축이기도 합니다. 3부에서는 시인의 모습이 어떠한지를 짐작케 하는 시편들이 주를 이룹니다. 엄마로서의 화자이거나 딸로서의 화자를 통해 우리는 시인의 개인적 삶을 함께 경험하는 행운을 누릴 수 있습니다. 삶의 구체적 일상성에 바탕을 둔 보편적 삶의 양식화는 거친 노출과 생생한 형상화 사이의 미학적 거리를 유지할 때, 언제든 주목할 가치가 있습니다. 정성희의 시는 삶에 대한 애정과 시의 열정이 빚어내는 미적 감각에의 호소를 통해 삶의 자명성이라는 아픈 속살에 한 겹, 한 겹 부드러운 치유의 막을 입힙니다.

흔히 우리는 시의 본래적 기능이 삶의 자명성을 폭로하는 거라고 오해하기 일쑤지만, 삶의 단단한 껍질을 거칠게 벗겨내는 것만이 시의 능사는 아닙니다. 우리를 묶는 틀로부터의 일탈이 아니라, 때로는 결핍과 부재의 일상으로 귀환할 줄 아는 시야말로 진정 의미와 가치를 지니기도 하니까요. 그래서 이 시집의 마지막 4부가 세계에 대한 시인의 수용이 깨달음의 형태로 드러남은 자연스러운 귀결이겠습니다. 문학이 독자 개인이나 공동체 내부와 공명하지 않는다면 '문학'이라는 기표의 존재적 의미를 무엇이라 이름할 수 있을는지요. 정성희의 시는 공허하고 현란한 이미지의 재생을 소비하는 안락한 삶으로부터 벗어나 인간이 탁월한 사유의 주체임을 정직하게 드러냅니다. 다음은 크리넥스 티슈 두 장에 얹힌 시인의 사유가 탁월한 작품입니다.

각티슈 두 장이
오월 햇살로 눈부신
그늘 하나 없는 심심한 공터를 뒹굴고 있다
마치 사랑 놀음 하듯 붙었다 떨어졌다
한 몸 되어 한 방향으로 뒹굴다간 떨어져
서로 어긋난 방향으로 달아나듯
낮게 날다 멈추었다간 또 만나 함께 뒹굴고 결국은
바람에 떠밀려 바람의 방향으로 움직인다
면밀히 지켜보니
우리네 삶이 얼비친다 그러하기에
떠돌다 어느 한 계기로 가시에 걸려 혹은
양지바른 언덕에 닿아 자리 잡게 될 때까지
겹겹 장애물이 앞을 가로막더라도
혼자보다는 이왕이면 둘이 한 몸으로 엉겨
활발하게 사랑하며 넘어보라고

주례사 읊듯 조용히 생각을 얹어보는 순간
껑충껑충 바빠진 한 생이 내 머릿속에서
바람의 급물살을 타고
족보에 한 획을 그으며
행진곡에 맞춰 먼 길 떠날 채비를 한다
공터에 널브러져 길게 누웠던 고요가
눈부신 하객 되어
일제히 손뼉 치며 일어선다

—「크리넥스 티슈」 전문

미국 중산층 가정의 민낯을 파헤치는 영화 〈아메리칸 뷰티〉에는 비닐봉지가 바람에 날리는 장면이 나옵니다. 영화를 본 어떤 이는 감독이 '이것이야말로 진정한 아름다움이라고 꺼내놓은 것이 바로 비닐봉지'라고까지 말합니다. 예비역 대령의 아들 릭키는 캠코더의 뷰파인더로 세상을 바라보는 아이입니다. 그의 영상에 찍힌 것은 바람에 이리저리 날리는 비닐봉지로, 그것은 바짝 마른 낙엽 위를 무심하게 떠다닙니다. 바닥에 앉으려다 다시 바람에 일어서고, 떠올랐다가 다시 가라앉는 비닐봉지를 보여주며 그는 친구에게 이렇게 얘기합니다. "그날 난 느꼈어. 눈에 보이지 않는 세상과 신비롭도록 자비로운 힘을. 내게 두려울 것이 없다는 걸 깨우쳐 줬지. 너무나 아름다운 것들이 존재해. 이 세상에는 말이야."라고요. 영화는 비닐봉지가 바람에 날리는 소소한 일상 속 평범한 장면이 진정한 '아메리칸 뷰티'라고 말해 주는 거지요.

릭키의 캠코더 뷰파인더 안에 비닐봉지가 담기듯, 시인의 눈에 들어온 것은 심심한 공터에서 바람의 방향대로 이리저리 힘없이 떠밀리는 각티슈 두 장입니다. 비닐봉지가 자신과 춤을 추는 것 같았다고 느낀 릭키와 달리, 시인은 붙었다 떨어졌다 하는 각티슈 두 장이 마치 자기들끼리 사랑 놀음을 하는 것 같다고 느낍니다. 시인은 이 두 장의 각티슈에 인생을 투영해봅니다. 한 몸이 되었다가 서로 어긋나기도 하고, 세파에 떠밀리듯 바람의 방향 따라 움직이다 가시에 걸리기도 하는 모습이 영락없는 인생의 축소판으로 여겨졌기 때문이지요. 시인은 각티슈의 움직임에 인생을 빗대어 비유하는 데서 한 걸음 더 나아가 자유로운 연상을 펼쳐 나갑니다. 시인의 연상에 따라 이제 이 작품의 상황은 두 장의 각티슈가 수많은 하객 앞에서 한 쌍의 부부가 되어 인생의 새로운 출발을 알리는 결혼식으로 바뀝니다. 시인은 신랑과 신부를 향해 "겹겹 장애물이 앞을 가로막더라도" 한 몸이 아니라 둘이니 "활발하게 사랑하며 넘어보라고" 축사를 읊습니다. 급기야 시의 분위기는 행진곡이 흘러나오는 등 "바람이 급물살을 타"듯 생동감이 넘칩니다. 급히 하객으로 동원된 공터의 고요가 부부가 된 각티슈 두 장의 앞날을 축복하며 일제히 일어나 손뼉을 칩니다. 각티슈 두 장에 없는 시인의 상상력이 시를 읽는 우리에게 흡족함과 즐거움을 안겨줍니다. 문장을 과시하거나 낭비하지 않고 자연스럽게 술술 흘러나오는 시상은 신산한 세상살이의 경험과 심미적인 능력 없이는 펼치기 어려운 연상이고 상상력이지요.

앞서 말씀드렸다시피 시집의 1부에는 장삼이사에 해당하는 다수의 시적 대상들이 때론 왜소하고 때론 천연덕스러운 삶의 주인공들로 등장합니다. 목포에서 울산으로 고등어 운반 일을 하면서 신문이나 텔레비전에서 정치인들이 나올 때마다 "에라 잇 개누므 새끼들"이라고 침을 뱉는 할아버지(「개누므 새끼들」), 브레이크 전구가 삼천 원이라는 것에 성난 메뚜기처럼 이리 뛰고 저리 뛰며 허공에 삿대질하는 분노 조절 불가의 손님(「당신은 손님인가요」), 아침부터 저녁까지 주중 일요일만 빼고는 빨간 날도 없이 죽어라 일만 하다 허리디스크로 입원한 남자(「몸시질하다」), 남편을 한 줌 뼛가루로 보내고 자식들 뒷바라지로 평생을 살다가 '후궁 절제 또는 수핵 탈출술'을 받으려 병원에 입원한 물억새 같은 여자(「물억새」) 등이 그 대상들입니다. 앙상한 가지만 남은 채 마을 입구에 버려졌다가 시인에 의해 구사일생으로 살아난 식물 '파키라'도 빼놓을 수 없습니다. 시인은 버려진 화분을 '업둥이'라 부르며 가져다 기릅니다. 하찮은 생명을 자식처럼 소중히 여기는 마음은 사소한 일이지만 큰 감동을 줍니다. 왜소하고 평범하고 때로는 외면하고 싶도록 존재적으로 가벼운 이들 모두는 대상을 향하던 시선이 시인의 내부로 향하게 만드는 "물경(勿警) 무겁고 무량한 바위책"(「무량한 바위책입니다」)입니다. "단단한 바위책이 열리고" 시인은 "세상 부드러운 일상을 담은" 그들을 "차례차례" 만납니다. 찰나의 생을 포착하는 순간의 시학으로 말미암아 시를 읽는 우리는 소소한 일상 속 평범한 장면이 대상들의 모습에 얼비치는 삶의 한 단면이라는 인식에 도달합니다. 거기에는 "살아남기 위한 몸짓"과 "여전히 살아남기 위한" 몸짓이 있습니다. 시인은 이를 두고 "밥 전쟁"(「밥 전쟁」)이라고 표현합니다. 매사에 과장된 상투성을 피하려던 시인도 여기서는 조금 감정이 격해지나 봅니다. 그러나 이는 다정다감한 영혼이 체감하는 숨겨진 "배고픈 그림자"일 테고, 아픈 정감의 파문으로 다가오는 이 정경 앞에서 독자는 삶의 어둡고도 아름다운 진경을 실감할 따름입니다.

과거 삶의 방식이 자연스러운 형태로 남아 있는 시집의 2부는 보다 구체적으로 삶의 진솔한 양상들이 그려집니다. 2부의 시적 대상들은 자본과 속도를 지향하는 시대 현실로부터 철저히 소외된 '오래된' 존재들입니다. "자매도 아니고 서로 사는 동네도 다 다르다는데" 그런데도 "단발머리에 빠글빠글 파마한"(「하 약국에서 조제 받은 김치」) 할머니들의 모습이 앞으로 봐도 뒤로 봐도 똑같듯이 말입니다. 가령 다음 시에 나오는 시어머니와 며느리는 어디에나 있는 존재들이지만 어디에서도 쉽게 다루어지지 않는 존재들입니다. 자연에 묻혀서 살아가는 사람들을 향해 구석구석 카메라를 들이대는 텔레비전 방송의 호들갑스러움도 이들은 모른 척 비켜 갈 듯싶습니다.

누운 채 기저귀에 오줌똥 싸는 구순의 시어머니
종일 밭에서 일하고 돌아온 늙은 며느리에게 어딜 갔다 왔느냐고 마른입으로 거친 욕 퍼부어댄다

새벽에 일어나 엉덩이 한 번 지긋이 바닥에 붙이고 쉬어 보지 못한 늙은 며느리는 고사리 꺾다가 마른 억새에 손이 베여 피가 난 것을 뒤늦게 알고

구순의 시어머니 똥내 나는 욕을 온몸으로 받으면서도 한마디 대들지 않고 돌아앉아 마른 억새에 물려 베인 손가락 후후 불고 밴드를 붙인다

무어라고 읽어야 하나
저 늙어가는 며느리가 묵묵히 쓰고 있는 유적을

—「마른 억새가 살점을 베어 문다」 전문

인구 대비 노년층의 비율이 점점 늘어간다는 우려의 소리가 높습니다. 누운 채 기저귀에 오줌똥 싸는 구순의 시어머니

를 모시는 며느리라면 자신도 이미 노년에 접어든 나이일 터이지요. 이 두 사람을 보며 풍요한 선진사회가 안겨주는 새로운 모순이라거나, 노년층의 증가가 경제 발전의 발목을 잡을 거라 운운하는 건 이들이 현재의 풍요로움에 밑거름이었음을 도외시한 결과입니다. 그걸 아는지 모르는지, 새벽에 일어나 엉덩이 한번 지긋이 바닥에 붙이고 쉬어보지 못한 늙은 며느리는, 구순의 시어머니 똥내 나는 욕을 온몸으로 받으면서도 한 마디 대들지 않고 돌아앉아 마른 억새에 물려 베인 손가락에 밴드나 붙이고 앉아 있습니다.

늙은 시어머니의 치매를 타박하지 않고 견디는 힘은, 자신의 미래 역시 거기서 멀지 않다는, 같이 늙어가는 처지로서의 공감과 연민으로부터 비롯합니다. 늙은 며느리가 오줌똥 싸는 구순의 시어머니에게 가지는 이 연민의 마음을 젊음의 한복판에 있는 사람들은 결코 알지 못할 겁니다. 이 두 사람은 「내 꼭꼭 숨었지」에서도 다시 등장합니다.

> 86세 할머니 아침 운동 모시고 다녀온 예순 며느리, 집 앞 나무 그늘에 할머니 앉히고 화장실 다녀오니 할머니가 사라졌단다 조용하던 동네가 쑤셔 논 벌집처럼 웅웅거렸다 경찰이 오고 이웃이 나서고 가족 중 누군가는 선산을 다녀오고 할머니를 잃어버린 며느리는 동네를 뒤지고뒤지고 또 뒤지고 뉘엿뉘엿 해가 서산을 넘을 무렵 두 집 건

너 빌라 옥상에 할머니 계신다고 연락이 왔다 우르르 달려가 마치 국위 선양하고 귀국하는 영부인 맞이하듯 할머니를 부축하고 말없이 따르는데 축 늘어진 할머니 세상을 향해 꼬장꼬장 던지는

서른여섯에 혼자 되가
4남매 키왔띠마넌
저거 살기 바쁘고
내 쉴 곳이 없다
저기 옥상에서 보이
느그 오늘 내 찾니라꼬
왔다갔다 난리데
내 다 봤다

—「내 꼭꼭 숨었지」 부분

"느그 오늘 내 찾니라꼬/왔다갔다 난리데/내 다 봤다"라는 할머니의 짓궂은 모습이 조금은 귀여워 실소가 나옵니다. 시인은 유별스러운 구순의 시어머니에 휘둘리고, 그러나 어른이 아이를 대하듯 그 시어머니를 측은해하며 함께 오순도순 늙어가는 며느리를 향해 "묵묵히" 유적을 쓰고 있다고 표현합니다. 시인이 읽으려는 '유적(遺籍)'은 말 그대로 옛사람이 남긴 서적입니다. 미련스럽게 자식의 도리를 다하는 늙은 며느

리의 삶이 노인을 홀대하지 않고 존중하던 과거 삶의 방식을 고스란히 재현해내기 때문일 테지요. 이 해지고 곰팡내 나는 책을 시인 말고 누가 자세히 읽고서 이토록 소중히 간직할까 싶습니다마는, 시인은 마른 억새가 살점을 베어 무는 것처럼 아프고 저린 정서로부터 한 걸음 더 나아갑니다.

오래된 집 뒤에는
오래된 나무가 한 그루씩 있다

집이 오래되어 기울면
담벼락도 기울고
나무도 함께 기운다
기울면서도 나무는 때 되면 환하게 잎과 꽃을 피운다

이제 살면 얼마나 살겠노
그냥저냥 사는 거지
오래된 집에 사는 노인은
듣는 이 없이 홀로 중얼거리며
나무가 드리운 그늘을 깔고 누워
삐걱삐걱 살아간다
올해도 집 뒤 돌배나무는 알아서 꽃을 환하게 쏟아 피웠다

때 아닌 강풍주의보가 있던 다음날
나무가 사라졌다
나무 때문에 집 무너질까 봐
나무를 베어 나갔다

오래된 나무가 잘려 나가고
민머리 그대로 드러난 오래된 집
훤한데 어둡다

집은 죽었다

—「집은 죽었다」 전문

"환한데 어둡다"는 역설은 베어진 돌배나무를 아쉬워하는 노인의 심리가 굴절되어 드러난 부분입니다. 나무가 잘려 나간 일이 하도 안타까워 시인은 노인을 대신해서 슬픔의 정서를 직접적으로 토로합니다. 집의 담벼락도 기울고, 나무도 기울고, 기우는 담벼락 안에서 나이 들어가는 노인의 생도 기울어갑니다. 오래된 집에 사는 노인이 "듣는 이 없이 홀로 중얼거리며/나무가 드리운 그늘을 깔고 누워/삐걱삐걱 살아간다"라는 대목은 언어를 지극히 경제적으로 처리하고 감정 노출을 배제함으로써 작품의 성취도를 높이고 있습니다. 기울어가는 담벼락과 나무와 노쇠해 가는 노인의 이미지는 자연스럽게 연결됩니다. 때 아닌 강풍주의보에 사라져간 나무는 언젠가는 맞이하게 될 노인의 죽음을 예감함이 아닐는지요. "연이은 폭염 속에서도/푸른 옥수숫대가 꽃꽃"할 수 있었던 이유가 "등 굽은 어르신이" 부지런히 "옥수수밭 고랑을 지나"(「옥수수가 걸어간다」)며 가꾼 덕분이듯, 해마다 "꽃을 환하게 쏟아 피웠"던 이들이 있어서 젊음이나 세상이 그늘 지지 않고 밝을 수 있었습니다. 그러나 모든 존재의 소멸을 예감하는 슬픔의 정서가 결국 이 시의 미학이요, 시로서의 존재 이유이기도 하겠지요.

나는 무신론자다
종교를 믿지 않았다

자식을 낳고 신에게 무릎을 꿇었다
처음엔 어색해 망설였지만
한번 꿇은 무릎은 쉽게 꿇어졌다

이후 나는 없고
엄마는 있다

자식을 위해

날마다 기도하는

—「나는 엄마다」 전문

찬바람 불면
트실트실 살갗이 먼저 그립다고 운다

자다가 뒤척 이불을 감으면
뒤꿈치를 걸고 드는 올에
엄마야

한 겹 한 겹 입을 때마다
손가락 끝을 물고 매달리는 올에
엄마야

쓰라린 살갗
아리아리 운다

겨울밤 머리맡에 앉아
결 거친 뒤꿈치 긁던 엄마가
내 뒤꿈치에 굳은살로 앉았다

—「살갗이 먼저 그립다고 운다」 전문

인용된 두 작품은 자식을 위해 신께 무릎 꿇은 엄마로서의 시인과, 엄마를 애절하게 그리워하는 딸로서의 시인이 나란합니다. 비교해보면 엄마로서의 화자는 자식을 끝까지 지키겠다는 단단한 결기가 느껴지는 어조입니다. 반면, 딸인 화자의 어조에서는 "엄마야"라며 아이가 엄마를 부를 때 사용할 법한 어리광 섞인 부름이 후렴처럼 반복됩니다. "아리아리"와 같은 민요적 음성상징어의 활용 또한 이색적입니다. 이처럼 전자보다 후자의 시에서 좀 더 전통적 운율이 승한 이유란, 소월의 시가 그러하듯 그립고 애달픈 한국적 정한에 그 맥락이 닿아서입니다. 이런 전통적 운율은 '엄마'를 노래하는 「평생 걱정」에서 더욱 두드러집니다.

얼음은
몸 풀어
맑은 노래 부르고요

누에는
몸 풀어
결 고운 비단을 짜고요

거미는
몸 풀어

멋진 집을 짓는데요

엄마는
몸 풀어
평생 걱정 얻었어요

—「평생 걱정」 전문

동요라 해도 좋을 만큼 단순한 구성과 울림을 가진 시편입니다. 마치 오래전부터 전승되어 오는 민요나 4음보의 정형시, 혹은 아이들이 즐겨 부르는 노래를 듣는 느낌입니다. 읽는 게 아니라 듣는 느낌이라는 것은 시의 형식에서 운율이 차지하는 비중이 그만큼 크다는 의미지요. 아마 시인은 '엄마'를 노래할 때만큼은 어른이 아니라 아이의 정서로 돌아가는 모양입니다. 그런데 가만히 귀 기울이면 아이가 엄마를 생각하며 부르는 노래가 아니라 엄마가 아이한테 자장가처럼 가만가만 들려주는 노래로도 들립니다. 자식이 아무리 장성해도 자식에 대한 걱정을 평생 놓지 못하는 게 부모 마음임을 노래하는 것 같습니다. 이처럼 중의적인 해석이 가능한 게 이 시의 매력이자 특징입니다. 그렇더라도 부모를 노래하는 시에는 그들을 애달프게 그리는 회한의 감정이 자주 표출됩니다. 시를 읽는 독자들이 삶의 실상이야 어떻든 진하게 공감할 수 있는 부분도 바로 이 회한의 감정에 있을 테지요. 풋내기 젊은 날에는 부모의 사랑을 모르고, 겨우 깨달을 즈음이면 그들은 이미 우리 곁을 떠난 후이지요. 그래서 시인은 이렇게 노래합니다.

끙끙 앓고 난 아침
나는 입맛 없어 깔깔한데
고슬고슬 갓 지어 푼 고봉밥처럼
아파트 단지 내 가로수 이팝나무마다
모락모락 김이 피어난다

밥 먹어라 입맛 없으면 밥맛으로라도 먹어라
죽이라도 끓여 줄까
걱정하시던 울 엄마 생전 말씀
잔소리 같아 싫었는데

식구들 모두
제 앞가림한다고 바쁜 세상
엄마가 된 나는
그립다 그 잔소리

—「이팝나무를 바라보며」 전문

엄마가 된 몸으로 어릴 적 엄마의 잔소리가 그립다는 시인은, 「나는 백수다」에서 이십오 년이나 일해 온 가게를 접고 백수가 된 지 그럭저럭 오 년이 지났다고 씁니다. 노동의 대가가 돈이 아닌 것과는 별개로, 시인은 여전히 남편 뒷바라지에 자식 뒷바라지로 "말도 못하게 바쁘다"라며 투정 아닌 투정을 합니다. 이렇듯 정성희의 시는 자신을 비롯한 '사람이 살아가는 모습'을 진솔하게 보여줍니다. 무언가를 진실하고 솔직하게 드러내는 게 생각만큼 쉬울까요? 그렇지 않습니다. 삶의 구체적인 결을 일상적 화법으로 드러내는 노력은 개인의 사사로운 감정을 털어내는 것과는 분명 다르니까요. 더군다나 그의 시는 더불어 살아가는 사람들 속에서 사람답게 사는 길을 '다시' 묻고 있습니다. 그런 의미에서 이 시집의 제목이 '사라진 말씀들'이라는 게 저는 예사롭지 않습니다. 시집의 표제작을 읽어보겠습니다.

시어머니 선산에 묻던 날

오늘 쉬는 날이제?
안 올래? 출발했나?
너그는 조상도 없나?
너그는 더 자고 가그라이
네 맛 내 맛도 없네

면전에서 혹은 전화선을 타고
나를 불편하게 했던 말씀들
시어머니 한 생이 흙에 묻히던 날
함께 묻혔다

듣는 내내 억울하고 속상했지만
단 한 번도 대들거나 변명조차 해보지 못했던
시어머니 말씀들

어쩌면 머지않아 나는
저 말씀들을 그리워하게 될지도 모르겠다

사라진 것들은 언젠가 그리워하기 마련이니

—「사라진 말씀들」 전문

보시다시피 시에서의 '말씀'은 그리 긍정적이지 않습니다. 시어머니 생전에 들었던 말씀들이 나열되고 있는데, 하루 쉬는 날에도 조상 제사를 지내러 내려오라며 다그치거나, 불편한 시댁에서 자고 가라는 목소리입니다. 후자의 경우, 아들을 하루라도 더 보고 싶은 마음이야 이해하지만 얼른 돌아가 발 뻗고 쉬고 싶은 며느리는 싫은 내색을 표 나게 하지 않으려 안간힘을 썼겠습니다. 기껏 솜씨를 부려 음식을 만들어 놓으면 네 맛도 내 맛도 없다고 면박을 주는 무신경함은 또 어쩌고요. 정성희의 시는 언어의 조탁에 무심합니다. 하지만 주제의 일관성을 주목한다면 시인의 시가 외양에 해당하는 형식보다는 의미에 세심한 배려를 하고 있음을 눈치챌 수 있습니다. 정도가 다를 뿐 누구나 넣고 빼고 손을 보게 마련인 시에서, 예컨대 다음의 시는 「사라진 말씀들」의 답에 값하며 배치됩니다.

그립다는 것이 어디
좋았던 최고의 날만 그립던가요
슬프고 아팠던 일은
말하는 그 자체가 그리움인 것을
꽃은 지며 비로소 알았나 봅니다

—「그립다는 것」 부분

시에 따르면 시어머니 생전의 말씀을 시로 말하는 그 자체가 이미 그리움입니다. 그리운 것들은 사라지거나 잊히지 않고 가슴에 두고두고 남습니다. '사라진 말씀들'이 아니라 '가슴에 남은 그리움'이지요. 그리고 그 그리움을 알아차리고 음미하는 일이야말로 시를 읽는 즐거움의 하나입니다.

정성희의 시는 "겪어 본 이가 진국"처럼 풀어내는 부대낌과 쓰라림, "어울림 속에서 곪아 터진 상처"(「벌레 먹은 사과처럼」)의 깊이를 드러내며 일상어로는 전달하기 힘든 깨달음의 감동과 깊이를 보여줍니다. 시인의 시를 읽노라면「그립다는 것」에서의 고백처럼 “공연히 눈은 시리고 가슴은 뜨겁”기만 합니다. 고백하자면 시를 읽는 우리 대다수는 “독하지 못하고 빽 없는”(「뱀에게 빼앗긴 행운」) 장삼이사들입니다. 하지만 모두를 용서하고 모든 것이 그리울 수 있음은 정성희의 시를 읽는 이들만이 누릴 수 있는 특권이 아닐까 싶습니다. 그 특권을 누리며 시를 읽은 우리는 결핍과 부재의 일상으로 귀환할 준비가 되었습니다. 이는 모두 정성희 시인이 쓴 ‘좋은 시’ 덕분입니다.

문학의전당 시인선 354

사라진 말씀들

ⓒ 정성희

초판 1쇄 인쇄 2022년 11월 11일
초판 1쇄 발행 2022년 11월 18일
지은이 정성희
펴낸이 고영
디자인 헤이존
펴낸곳 문학의전당
출판등록 제448-251002012000043호
주소 충북 단양군 적성면 도곡파랑로 178
전화 043-421-1977
전자우편 sbpoem@naver.com

ISBN 979-11-5896-569-3 03810

*이 시집은 2022년 한국예술인복지재단의 창작지원금을 수혜하여 제작되었습니다.